AF595229

GALERIE BIOGRAPHIQUE.

Imprimerie et lithographie Maulde et Renou, rue Bailleul, 9-11.

GALERIE BIOGRAPHIQUE

DES

ROIS, PRINCES ET PRINCESSES

DES FAMILLES RÉGNANTES, FRANÇAISES ET ÉTRANGÈRES

ET DES

PERSONNAGES CÉLÈBRES DE CHAQUE ÉTAT

AVEC PORTRAITS LITHOGRAPHIÉS.

SOUS LA DIRECTION DE M. DE GODARD.

PARIS
AU BUREAU DU *VOLEUR LITTÉRAIRE ET ARTISTIQUE*
RUE DU HELDER, 14 BIS.

—

1848

INTRODUCTION.

L'ouvrage que nous annonçons et que nous entamons aujourd'hui n'a point de modèle ni d'analogue. Il ne s'agit pas, comme l'ont fait et le font encore mille ouvrages du même genre, d'une simple excursion dans les domaines de l'illustration et de la lithographie. Il n'est pas non plus question d'une publication sans ordre, sans plan, sans méthode, où la fantaisie de l'éditeur, sollicitée par l'esprit de parti, l'intérêt, la commodité ou l'importunité, donne accès au premier venu. Le livre que nous publions n'est point un passe-partout élastique. Son cadre est tracé d'avance, et nous ne saurions, sans manquer réellement à nos devoirs et à nos promesses, franchir ni rapetisser ses limites.

C'est ici un monument élevé en quelque sorte à l'histoire contemporaine, dans les personnes des acteurs que la Providence a chargés d'y jouer les premiers actes. C'est un musée ouvert aux familles souveraines de tous les états civilisés et aux personnages saillants dans l'ordre politique et militaire.

Toutes les personnes couronnées, si puissantes ou si modestes qu'elles puissent être, toutes celles qui s'asseyent sur les marches du trône, toutes celles qui se sont fait un nom dans les armes, dans les affaires publiques, et dans les hautes régions du pouvoir, ont de droit leur entrée à ce panthéon historique.

Les notabilités des arts, des sciences, des lettres et des autres branches du génie et de l'esprit humain, exclus de cette *Galerie historique* trouveront ailleurs, dans les colonnes du journal littéraire et artistique, que nous dirigeons, les places et les honneurs qui leur sont dus.

Nous croyons inutile d'insister sur l'importance et l'intérêt d'une publication vraiment unique qui offre, en quelque sorte, la physionomie de chaque état dans la personne de ses plus illustres représentans. Nous aurons un double mérite de satisfaire tout à la fois la curiosité des yeux et celle de l'esprit. On ne saurait méconnaître, en effet, l'intérêt curieux qui s'attache, chez tous les hommes, à la reproduction des traits des personnes qui les dominent, les défendent ou les gouvernent, et à la connaissance des faits qui les ont portés et qui les soutiennent au rang où ils sont parvenus.

Notre Galerie biographique répondra pleinement à ces deux besoins.

Nos portraits seront toujours pris d'après nature, ou conformes aux copies les plus authentiques. Ils reproduiront, avec une exactitude parfaite, la personne et la physionomie du modèle. Les précautions que nous avons prises et les hautes relations que nous nous sommes assurées, nous garantissent, à cet égard, une ressemblance parfaite et une exécution sans défaut comme sans rivale.

Les notices biographiques, confiées à des écrivains consommés en ce genre de travail qui ne souffre ni la négligence ni la faiblesse, ne reposeront pas sur des on dit ou sur des pièces entachées d'une suspicion légitime, mais sur des documents émanés de hauts lieux et de sources certaines. Dans tous les cas ils seront éprouvés à la pierre de touche de la critique ou passés au contrôle du temps.

Déjà nous possédons, sur un grand nombre de sommités princières ou gouvernementales, des détails inédits, des notes officieuses et fidèles qui prêteront aux biographies les plus connues l'attrait de l'inattendu et l'intérêt du secret dévoilé.

Assurés de tous ces élémens de succès, nous ne saurions douter que notre Galerie biographique ne prenne promptement, parmi les publications de ce genre, une place supérieure, ou n'acquière, aux yeux de nos lecteurs, une valeur que le temps, en enrichissant tous les mois d'une nouvelle page notre ALBUM HISTORIQUE et illustré, ne cessera d'affermir et d'accroître.

Nous sommes Français, et nous nous adressons à la France

en premier lieu. Notre devoir nous commandait de consacrer nos premières feuilles à la biographie du Roi qui nous gouverne et de la nombreuse famille qui l'entoure.

Nos prochaines livraisons contiendront l'histoire et les portraits de Louis-Philippe et des Princes et Princesses qui composent la branche cadette des Bourbons. L'impartialité historique, qui présidera à toutes les pages de cet ouvrage important, nous indiquera de présenter également les Portraits et les Biographies de la branche aînée des Bourbons que le sort a condamnée à l'exil, et qui sont pour l'histoire des personnages marquans par leur position première et par leur nom. Nous consacrerons aussi dans nos Annales biographiques quelques pages aux derniers membres de la famille Napoléonienne, en qualité d'historiens exacts et avec toute impartialité d'opinion et de parti. Notre burin et nos colonnes doivent ici être froids comme le marbre, et enregistrer tout ce qui est marquant par le passé et par la position présente.

Un certain nombre de ces portraits et certaines de ces notices ont pu déjà paraître dans le Journal littéraire que nous dirigeons, mais nous ne reculons pas devant la pensée de quelques répétitions obligées, pour ne point laisser notre œuvre incomplète et boîteuse. D'ailleurs les portraits lithographiés, faits à nouveau par des artistes éprouvés, avec une fidélité plus scrupuleuse encore et une ressemblance de la dernière exactitude, reproduiront nécessairement les modifications que les années, les variations du temps, les faits arrivés depuis, le costume actuellement adopté, et mille circonstances accessoires introduisent dans la physionomie du modèle. Ces notices, rédigées entièrement à nouveau, sur de plus amples renseignemens, seront ainsi complètement refondues. Elles renfermeront, outre les renseignements nouveaux dont nous avons fait la conquête, les faits qui se sont accomplis dans la période, souvent assez longue, écoulée depuis l'époque des premiers essais bibliographiques publiés par le Journal.

Nous pouvons dire, sans scrupule, que tous les portraits et

toutes les biographies de notre GALERIE HISTORIQUE auront pour nos lecteurs l'appas de la nouveauté, en même temps que celui de la plus grande exactitude et de la certitude des détails que nous publierons.

Nous alternerons nos Biographies et nos portraits des Princes de chacune des familles régnantes de l'Europe et des autres états du Globe. Nous commencerons par la GALERIE BIOGRAPHIQUE de tous les ROIS et des CHEFS DES GOUVERNEMENS actuels.

Nous publierons ensuite la GALERIE des REINES, puis celle des PRINCES et des PRINCESSES. Nous arriverons ainsi graduellement aux PERSONNAGES CÉLÈBRES de chaque État, dont la haute position politique ou militaire, ou dont les talens éclatans appellent l'attention et méritent une honorable mention dans cette NOBLE GALERIE de TOUTES les SUPÉRIORITÉS SOCIALES.

Nous aimons à espérer que partout nous trouverons la bienveillance et la gracieuse facilité que nous avons rencontrées jusqu'ici de la part des personnes auxquelles nous nous sommes adressés pour obtenir des renseignemens fidèles et des détails véridiques pour esquisser avec certitude la biographie des personnages appelés à figurer dans cette Galerie historique. Nous conservons la même confiance pour obtenir des personnes auxquelles nous pourrons nous adresser la communication des portraits authentiques des personnes, ou a facilité de pouvoir faire prendre au besoin par des artistes les portraits d'après nature des personnages dont nous aurons à inscrire ici la biographie. Nous donnerons de l'histoire et nous serons en tout de fidèles historiens. De Godard.

Paris, 5 janvier 1848.

Février 1846. PREMIÈRE ANNÉE. Rue du Helder, 14 bis.

GALERIE BIOGRAPHIQUE DES ROIS, PRINCES ET PRINCESSES DES FAMILLES RÉGNANTES, FRANÇAISES ET ÉTRANGÈRES ET DES PERSONNAGES CÉLÈBRES DE CHAQUE ÉTAT

AVEC PORTRAITS LITHOGRAPHIÉS.

SOUS LA DIRECTION DE M. DE GODARD.

S. M. LOUIS-PHILIPPE Ier, Roi des Français; — S. M. MARIE-AMÉLIE, Reine des Français; — S. A. R. Madame ADÉLAIDE, sœur du Roi.

Nous commençons notre riche série de Biographies royales et princières par celle du Roi qui gouverne la France. Nous nous acquittons ainsi doublement de nos promesses à nos souscripteurs et de nos devoirs. Nous n'avons pas cru devoir séparer de la vie du Roi les biographies de la Reine et de Madame Adélaide, qui ont partagé tour à tour les vicissitudes et les péripéties de cette vie si agitée, si extraordinaire.

La mort récente de Madame Adélaïde a été un motif de plus pour nous de donner quelques détails intimes sur cette princesse, dont le caractère et le mérite ont été appréciés de tout le monde.

Peu de biographies assurément offrent un intérêt aussi dramatique, aussi palpitant, pour nous servir d'un mot à la mode, que celle du Prince dont nous allons essayer d'esquisser l'histoire. Le récit de sa vie ressemble à quelqu'une de ces épopées fabuleuses écloses de l'imagination d'un poète : il semble que la Providence, à l'imitation des romans, ait voulu soumettre son héros à mille épreuves de toutes sortes, afin de le rendre plus digne du prix qu'elle lui réservait, et de le façonner à la fortune par la main de l'adversité. Mystérieux desseins de la Divinité qui le fit naître à l'ombre d'une couronne, et, trompant par deux fois les prévisions humaines, le précipita des marches du trône pour lui mettre le sceptre à la main ! Tour à tour prince et proscrit, le duc d'Orléans connut par sa propre expérience les pompes et l'instabilité du pouvoir. Sans flatteurs, presque sans amis, contraint à se suffire à lui-même, aux prises avec les plus cruelles difficultés de la vie, il apprit à gouverner les hommes en apprenant à les connaître et à les juger. Le malheur est semblable à l'onde, qui amollit la boue et qui durcit l'acier : il avilit les faibles, et anoblit les forts. De moins fermes que celui qui marchait à la royauté à travers l'âpre chemin de l'exil et de la misère, se fussent laissés abattre ou déshonorer par tant de maux. Il ne trouva dans ses revers que l'occasion de retremper son caractère et de fortifier ses talens. L'homme, en lui, survécut au Prince, et ce fut, au contraire d'un axiôme bien connu, quand le sort eut fait tomber son masque, que l'homme fort se révéla.

Louis-Philippe d'Orléans, aujourd'hui Roi des Français et chef de la branche cadette de la maison de Bourbon, est né le 6 octobre 1773, de Philippe d'Orléans, alors duc de Chartres, et d'une fille du duc de Penthièvre. Sa première enfance fut confiée aux soins du chevalier de Bonnart, esprit élégant et poli, dont l'intelligence égalait les lumières. Par un renversement assez bizarre des idées reçues en matière d'éducation, le jeune Prince passe des mains d'un précepteur à celles d'une gouvernante, cette gouvernante était Mme de Genlis.

On parla beaucoup à la ville ainsi qu'à la cour de cette innovation extraordinaire; on ne tarit ni de brocarts, ni d'épigrammes sur le compte de l'institueur et de M. le Duc de Chartres. Celui-ci ne s'en émut point, c'était peut-être ce qu'il voulait. Partisan de la philosophie et grand ami de l'excentricité, il aimait assez à faire gloser sur ses bizarreries, et il se souciait peu des bruits publics et des jugemens d'autrui.

Quoi qu'il en soit de la singularité de son choix, l'événement prit soin de le justifier. Mme de Genlis était une femme distinguée, d'une instruction solide et variée, d'un rare dévouement, d'un attachement à toute épreuve, et qui professait, sur l'éducation des grands, certains principes fort opposés aux préjugés qui avaient cours en son temps.

Appelée à former le cœur et l'esprit des trois Princes, fils du Duc de Chartres et de la Princesse Adélaïde d'Orléans, leur sœur, elle prit au sérieux les devoirs de sa charge et ne voulut point être, comme c'était alors l'usage chez les gouvernans des Princes, le premier flatteur de ses élèves, mais leur institutrice réelle et leur amie. Elle montra elle-même à la jeune Princesse, qui lui fut confiée dès l'âge de cinq ans, les premiers élémens des sciences; la musique, l'histoire, la géographie, et ces élégans travaux d'aiguille qui sont le passe-temps de l'ornement d'une Princesse aussi bien que de toutes les autres femmes. Elle choisit pour précepteurs des Princes les hommes que recommandaient des talens éprouvés et l'opinion publique, qui ne se trompe guère sur le compte des gens de mérite. Elle se réservait la haute direction et le contrôle de leurs études; elle leur apprenait, en les apprenant avec eux, mille petits métiers, qui formaient à la fois et leur intelligence et leur dextérité. Ils faisaient avec elle des gaînes, des portefeuilles, des corbeilles, des lacets, des rubans, de la gaze, du cartonnage, des plans en relief, des fleurs artificielles, des grillages en laiton, de la dorure sur bois, mille ouvrages en cheveux, jusqu'à des perruques, enfin de la menuiserie. Mais cette dernière industrie plus pénible que les autres, et qui exigeait un plus large déploiement de forces, était réservée aux garçons.

En même temps elle s'attachait à développer leur vigueur et à corroborer leur santé par l'emploi d'un élément alors tout nouveau dans l'éducation des Princes. Elle les soumettait aux rudes et fortifiantes épreuves de la gymnastique. Elle inventa pour eux les exercices des poulies, des hottes, des lits de bois, les souliers de plomb, les sauts dans les *sautoires*, et toutes sortes de travaux qui, en aguerrissant leurs corps, affermissaient leur caractère et leur courage, et cuirassaient leur âme ainsi que leur personne contre bien des maux inattendus.

« Que de fois depuis ses malheurs, écrit dans ses *Mémoires* Mme de Genlis, en parlant du Prince Louis-Philippe d'Orléans, qui était le plus cher comme aussi le meilleur de ses élèves, je me suis félicitée de l'éducation que je lui ai donnée; de lui avoir fait apprendre dès l'enfance les langues modernes; de l'avoir accoutumé à se servir seul, à mépriser toute espèce de mollesse, à coucher sur la dure, recouvert d'une simple natte de sparterie; à braver le soleil, la pluie, le froid; à s'accoutumer à la fatigue, en faisant journellement de violens exercices et quatre à cinq lieues, avec des semelles de plomb, à ses promenades ordinaires; enfin de lui avoir donné de l'instruction et le goût des voyages. »

Heureuse prévoyance, en effet, qui fournit à son auguste élève des armes contre les rigueurs du sort, et le laissa riche, en perdant ce qu'il devait à la naissance, de ce qu'il ne devait qu'à la nature, à l'éducation, à lui-même.

Voici ce que pensait de lui sa gouvernante, à l'époque où l'adolescent commençait à devenir un homme :

« Je dirai à Monsieur le Duc de Chartres (il avait pris ce titre depuis que la mort de son aïeul avait conféré à son père le titre de Duc d'Orléans) que, depuis un an surtout, son caractère a prodigieusement gagné : il était né bon, mais il devient éclairé et vertueux. Il n'a rien de la frivolité de son âge; il dédaigne sincèrement les puérilités qui occupent tant de jeunes gens; les airs, la parure, les bijoux, les colifichets de tout genre, la fureur de suivre le premier les modes nouvelles, etc. Il n'a aucun attachement à l'argent; il est désintéressé, méprise le faste, et il est par conséquent très noble; enfin il a un excellent cœur, qualité qui peut, avec de la réflexion, produire toutes les autres. »

En même temps que se formaient les qualités solides qui constituaient la base du caractère du jeune Duc de Chartres, on voyait poindre les instincts généreux et chevaleresques qui en étaient le brillant vernis.

Nous citerons avec bonheur quelques traits qui caractérisent parfaitement les effets de cette brillante et solide éducation du Prince, et les qualités instinctives de son caractère noble et grand.

Dans le cours d'un petit voyage d'agrément aux environs de Spa, on propose un jour au Duc de Chartres de gravir une montagne élevée, du haut de laquelle, disait-on, on jouissait de la perspective la plus riante. Un vieux château planait au sommet de cette montagne. Le prince interroge; il apprend que cette lugubre enceinte sert de prison à plusieurs détenus pour dettes : « Ne montons point, dit-il, il n'y a pas de vue *riante* là où l'on peut entendre les gémissemens d'un prisonnier. Mais sa compassion ne se borna point à de stériles paroles. Il ouvre une souscription, s'y inscrit le premier, excite, par son exemple, la libéralité de son entourage, et parvient enfin à payer la rançon des pauvres détenus, émerveillés de cette délivrance inespérée. « A présent que le cachot est vide, dit le Prince libérateur, nous pouvons gravir la montagne. Je suis prêt à convenir que la perspective dont on y jouit est aussi *riante* qu'admirable. »

Une autre fois, au mont Saint-Michel où il visita la fameuse *cage de fer*, instrument de vengeance et de torture, il brise à coups de hache cet emblême d'une oppression séculaire, et donne dix louis au suisse du château qui contemplait d'un œil consterné cette exécution funeste à ses petits projets, en ajoutant ces mots : « Tiens, mon brave, au lieu de faire voir aux curieux la *cage de fer*, tu leur montreras à l'avenir le lieu qu'elle occupait naguère, tous ceux qui ont le cœur bien placé préfèreront cette vue à l'autre. »

Aux heureuses réparties, aux traits de générosité que lui inspirait la philantrhopie, il joignait un courage qui prenait sa source dans son humanité, ce n'était pas assez de payer de son esprit et de sa bourse, il payait encore de sa personne. Colonel d'un régiment alors en garnison à Vendôme, un jour qu'après s'être baigné dans la rivière, il se rhabillait sur la plage, il entend des cris de détresse, c'est un homme qui, surpris par une crampe, est entraîné au fond de l'eau, s'élancer à demi vêtu dans les flots, saisir le malheureux qui s'efforçait de se cramponner à son sauveur et mettait en danger leur vie à tous les deux, le déposer sain et sauf sur la rive et s'éclipser au milieu des applaudissemens de la foule, tout cela fut, pour le jeune Duc de Chartres, l'affaire de quelques instans.

La ville de Vendôme, reconnaissante du salut d'un de ses enfans, vota à son sauveur l'offrande d'une *couronne civique* tressée de feuilles de chêne, mystérieux présage de cette couronne nationale qui devait rayonner plus tard sur le front du Roi-citoyen.

Jamais le Prince n'apprécia mieux les avantages de l'éducation lacédémonienne que lui avait donnée Mme de Genlis, que quand il dut à son adresse corporelle le bonheur de sauver les jours d'un de ses semblables; en effet cette prudente institutrice avait poussé la prévoyance jusqu'à instruire le Prince dans l'art de saigner et de panser les plaies, précieuses connaissances dont il n'a jamais

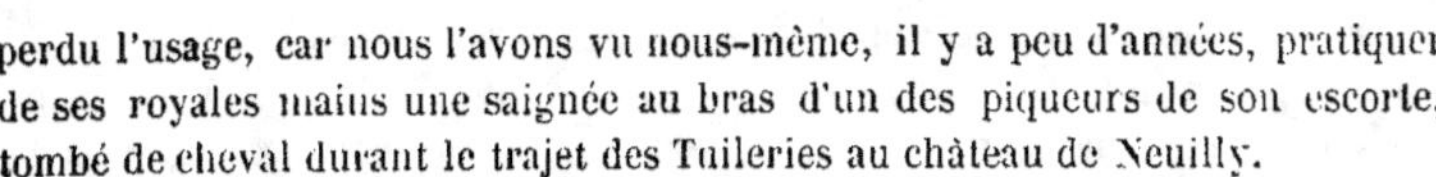

perdu l'usage, car nous l'avons vu nous-même, il y a peu d'années, pratiquer de ses royales mains une saignée au bras d'un des piqueurs de son escorte, tombé de cheval durant le trajet des Tuileries au château de Neuilly.

La Princesse Adélaïde ne montrait pas des dispositions moins heureuses que son frère, elle faisait dans toutes les connaissances, objets de ses études, de remarquables progrès, et joignait à une intelligence très distinguée la plus belle âme et le plus excellent cœur; le portrait qu'en fait Mme de Genlis n'est pas suspect assurément, personne ne pouvait la connaître plus à fond que son institutrice, et voici ce que celle-ci en pensait :

« Je puis dire avec vérité que je n'ai jamais connu un seul défaut à Mademoiselle d'Orléans. Elle avait naturellement une vive piété et toutes les vertus. Elle faisait des fautes, mais, je le répète, elle n'avait pas un seul défaut, c'est-à-dire un mauvais penchant ou une mauvaise qualité dominante. Je n'ai aucun intérêt d'amour-propre à convenir de cette vérité, puisque j'aurais beaucoup plus de mérite à l'avoir bien élevée, si la nature ne lui avait pas donné un caractère aussi parfait. Elle avait de l'esprit, et cet esprit ressemblait beaucoup à celui de son père; il a particulièrement de la finesse et de l'à-propos, ce qui, réuni à la sagesse, à la raison et à la bonté, forme une personne aussi aimable à rencontrer qu'elle est attachante dans le commerce intime de la vie. »

Tel était le charme extérieur de cette Princesse et l'éclat de ses qualités que la cour ne crut pas pouvoir faire un meilleur choix pour l'un des Princes les plus rapprochés du trône après les descendans directs du Souverain, et que son mariage avec le Duc d'Angoulême, fils du Comte d'Artois fut arrêté. Il manquait au jeune Prince trois mois pour atteindre l'âge fixé par la loi. On n'en attendait que le terme, quand la Révolution, qui éclata comme un coup de foudre, mit en poussière ces plans conçus en prévision d'un avenir moins orageux et ouvrit un champ sans limites aux événemens les plus inattendus et aux bouleversemens les plus étranges.

Séduit par les grands mots d'émancipation et de liberté qui flattaient ses inclinations généreuses, aveuglé par l'exemple de son propre père, entraîné par une pente fatale vers des conséquences qu'il n'avait point prévues, le Duc de Chartres se jeta dans le tourbillon des idées nouvelles. Mais bientôt, révolté des choses qui commençaient à déshonorer la Révolution, et jaloux d'échapper au spectacle des crimes qu'on commettait au nom de la liberté, il courut aux frontières envahies par les baïonnettes ennemies. Valmy, où il sauva l'armée; Jemmapes, où son sang-froid et sa bravoure changèrent une déroute en victoire, prouvèrent que chez lui les talens et le courage du soldat n'étaient pas au dessous du patriotisme du citoyen.

La France devait un prix à ses services. La Montagne se chargea de le récompenser. Prête à faire tomber la tête de son père, elle proscrivait la sienne et le contraignait à chercher son salut loin de cette patrie pour laquelle il versait son sang.

Après avoir veillé à la sûreté de sa sœur qu'il avait, pour plus de sécurité, appelée auprès de lui, et dont la vie à partir de ce jour se lia trop étroitement à la sienne pour que nous puissions les séparer, après avoir présidé aux apprêts d'un départ tellement précipité que ni elle ni Mme de Genlis, qui lui servait de compagne et de protectrice, n'eurent pas le temps de se munir des effets même les plus indispensables, il quitte nuitamment le camp français en même temps que Dumouriez, le vainqueur de la veille, le proscrit du lendemain : car en ces temps de triste mémoire, la défiance et la persécution ne connaissaient point de service, et les victoires n'étaient pas, aux yeux des monstres stupidement sanguinaires qui gouvernaient la France, moins suspectes que les défaites.

Ce fut en Suisse que le frère et la sœur cherchèrent un asile. Princes déchus, ne conservant de leur grandeur passée que cette dignité inaltérable que le malheur ne saurait atteindre ; abandonnés de tous, même de leurs proches auxquels leurs propres maux fermaient les yeux et le cœur à toute autre infortune, ils durent chercher, dans leurs ressources personnelles, le moyen *de ne pas mourir de faim*. Semblable à Denys, devenu maître d'école à Corinthe, M. le Duc de Chartres entra sous un nom supposé au collége des Grisons en qualité de professeur d'histoire et de géométrie, et remplit avec autant de conscience que de courage les charges de l'humble condition que lui imposait la fortune. On peut lire, pour plus de certitude, le témoignage que rend un témoin oculaire à sa constance, à son travail, à sa noble résignation :

« Nul homme, plus que le Duc de Chartres n'a consacré, par une conduite à la fois ferme et prudente, le respect dû à de grandes infortunes et la dignité d'une haute naissance. Des gens qui, au temps où sa maison était debout, se seraient tenus courbés en sa présence, se dressèrent arrogamment devant lui. Il n'avait guère que vingt ans. Dans plus d'une affaire de guerre il avait fait preuve d'une valeur impétueuse et ardente, et cependant à cet âge où la raison commence à s'essayer contre la chaleur du sang, sa constance ne se démentit jamais. Il supporta avec calme, sans se plaindre, sans même paraître s'en étonner, et les rigueurs du sort, et les injustices des hommes. Sous le ciel le plus âpre, au milieu des glaces de l'hiver, il se levait chaque jour à quatre heures du matin pour aller donner des leçons de mathématiques transcendantes dans le collége des Grisons à Coire, où il s'était fait recevoir comme professeur, sous le nom de Corby. Ce nom était celui d'un marchand du Palais-Royal ; il lui rappelait la patrie absente et le palais de ses aïeux. Durant quinze mois M. le Duc de Chartres ne cessa pas un seul jour de s'acquitter de ses devoirs de professeur avec une scrupuleuse exactitude, comme durant son long exil, il n'a pas cessé un seul jour d'honorer ses infortunes par sa résignation. »

Nous n'ajouterons rien à ce simple et imposant hommage. Il fut écrit plusieurs années avant que Louis-Philippe ne parvînt au trône. Le Prince pouvait avoir des amis, le Roi n'avait point encore de flatteurs.

En même temps sa sœur entrait, parcillement sous le voile de l'incognito,

au couvent de Sainte-Claire où un Français sensible et généreux, M. de Montesquiou, lui avait assuré un asile. Non moins résignée, non moins courageuse que son frère, Mademoiselle d'Orléans menait dans ce triste refuge une vie simple et retirée dont Mme de Genlis, sa compagne de solitude et d'infortune, nous a laissé le touchant tableau :

« Persuadée que des occupations constantes et variées peuvent, beaucoup mieux que la dissipation, distraire des chagrins et de l'inquiétude, je ne souffrais pas que Mademoiselle d'Orléans eût dans sa journée une minute d'oisiveté; elle se promenait trois fois par jour dans le jardin et y faisait plusieurs courses, chose à laquelle je l'ai accoutumée dès l'enfance. Elle entendait tous les jours la messe, et les dimanches, par sa volonté particulière, elle passait au moins deux heures et demie à l'église; elle écrivait une heure ou des lettres réelles ou des lettres d'imagination. Nous n'avions point de livres, mais j'avais beaucoup d'extraits et nous en lisions tous les jours ; elle peignait trois heures, jouait autant de temps au moins de la harpe; et, comme j'avais un piano, je lui en donnai des leçons; en peu de mois elle fut en état de jouer des petits airs et des variations, ce qui devint pour elle une source nouvelle d'amusement. Le soir elle cousait, filait, brodait, ou faisait de la tapisserie; naturellement d'une excessive gaieté, elle avait perdu cet heureux don de la nature; mais son caractère avait changé sans s'aigrir, sa mélancolie était si douce qu'elle ressemblait moins à la tristesse qu'au développement d'une extrême susceptibilité, je puis dire, sans exagération, que jamais il n'est échappé de sa bouche une plainte ou un murmure, quand elle est affligée, elle pleure, se tait et prie Dieu davantage. Jamais elle n'a regretté la fortune et le luxe qui l'entouraient, ni paru surprise du changement qui se trouvait dans tous les physiques de sa situation : on aurait cru, à la voir, qu'elle n'avait jamais habité qu'une petite cellule, qu'elle n'avait jamais eu de la vie un bon cuisinier, et ainsi de tout. Sa piété, qui est véritablement angélique, lui donne la philosophie chrétienne qui consiste dans la patience, le courage, la résignation et le mépris sincère des fastes et des grandeurs. J'ajouterai que, sans la religion, Mademoiselle d'Orléans n'eût jamais supporté ses maux. Elle a trouvé dans l'Évangile toutes les consolations qui lui étaient si nécessaires. Elle ne pouvait les trouver que là, et certainement, dans un âge aussi tendre, Épictète et Sénèque ne lui en eussent fourni aucune. Sa douceur est inaltérable, mais son âme sensible a beaucoup d'énergie. Elle m'a dit mille fois qu'il lui était impossible de concevoir *comment les gens bien malheureux et sans religion ne s'empoisonnent pas*. Elle était si frappée de cette idée, qu'elle me l'a exprimée deux fois dans les lettres qu'elle m'a écrites depuis notre séparation. Nos jours s'écoulaient tristement, mais sans ennui. Nous étions aimées dans le couvent, de la manière la plus touchante, de toutes les religieuses, qui étaient de véritables anges... »

Hélas! on ouvrait même à la jeune proscrite la lugubre retraite où elle ne cherchait qu'à se faire oublier. Un parti hostile aux Français émigrés parvint à faire le renvoi de M. de Montesquiou, leur protecteur. Nos deux recluses se

trouvèrent enveloppées dans sa disgrâce, et, bien que l'arrêt de prescription fût révoqué par le conseil de Zurich d'où dépendait le territoire où était situé le couvent, cette circonstance fit sentir à Mademoiselle d'Orléans la nécessité de s'assurer un abri moins sujet à l'instabilité, et elle prit le parti d'adresser à sa tante, Madame la Princesse de Conti, alors établie à Fribourg, une lettre que nous reproduisons ici parce qu'elle offre le récit plus véridique et plus attendrissant dans sa simplicité que nous nous ne flatterions de le faire des péripéties qui amenèrent une Princesse de sang royal à accepter avec reconnaissance un asile chez de pauvres religieuses, et qu'elle montre dans tout son jour cette belle âme où la pitié, l'amour filial, l'amitié, la vertu, et les plus nobles sentimens survivaient à toutes les injustices des hommes, à toutes les épreuves du sort.

« Ma chère tante,

« Je suis depuis onze mois en Suisse et dans un couvent cloîtré depuis dix. En arrivant en Suisse, j'ignorais que ma tante y fût. J'écrivis à ma mère, libre alors, pour lui demander ses ordres. J'ai donné quatre lettres pour elle à mes gens que je renvoyai en France. En outre je lui ai écrit plusieurs fois par des occasions sûres; mais aucune de ses réponses n'a pu me parvenir, et j'en ai vainement attendu et espéré pendant quatre mois. Enfin, perdant cette espérance, je m'adressai à M. le Duc de Modène, comme à la seule personne de ma famille qui pût me donner un asile (1). Ce fut après cette démarche, il y a cinq mois, que j'appris que ma chère tante était en Suisse : ne voyant absolument personne, je l'avais ignoré jusque là.

. . . .

Voilà pourquoi, ma chère tante, la démarche que je prends la liberté de faire aujourd'hui a été long-temps différée.

« Je suis sortie de France au milieu de l'année 1791. J'ai passé un an et demi en Angleterre. Au bout de ce temps, mon père me rappela à cause du décret sur les émigrés. Je partis d'Angleterre au mois de novembre 1792. En arrivant à Paris, ma gouvernante, Mme de Genlis, me remit entre les mains de mon père et me donna sa démission sur-le-champ; mais le lendemain de notre arrivée, un décret nous déclara émigrés, et il fallut repartir sur-le-champ. Mme de Genlis voulait retourner en Angleterre, et mon père ne voulait pas m'y renvoyer. Il lui demanda de me conduire en Belgique (qui n'était pas encore réunie à la France) en lui disant que je n'avais personne pour m'y mener, qui que ce soit ne voulant me suivre dans la crainte de l'émigration, pas même une femme de chambre.

(1) Le Duc de Modène était l'oncle de Mademoiselle d'Orléans. Il refusa, *pour raisons politiques*, de recevoir sa nièce dans ses États : il lui envoya *cent quatre-vingts louis*. Il avait mis en réserve une épargne de quatre millions.

BIOGRAPHIES DES CÉLÉBRITÉS
CONTEMPORAINES.

Portraits Biographiques des membres du Gouvernement provisoire de la République française.

ALPHONSE DE LAMARTINE.

Le premier besoin d'un journal c'est l'à-propos.

Nous ne saurions faillir à cette mission. Les circonstances inattendues qui viennent de porter au faîte de l'État des hommes dont plusieurs étaient à peine connus la veille, nous font un devoir de satisfaire la curiosité du lecteur, en esquissant les antécédens et la physionomie des divers membres dont se compose le Gouvernement provisoire.

Le plus illustre d'entre eux est assurément M. de Lamartine. Il est juste que nous commençions par le récit de sa vie cette série de portraits biographiques. Nous ne craignons pas qu'on nous reproche de lui donner une certaine étendue. La haute renommée littéraire et politique de ce personnage et les hautes destinées auxquelles l'avenir semble l'appeler font lire avec un vif intérêt tout ce qui se rattache à lui.

Alphonse de Lamartine est né en 1791, au moment le plus chaud de cette republique qu'il était appelé à ressusciter cinquante-neuf ans plus tard.

Par un singulier jeu du hasard, son grand-père avait exercé une charge dans la maison d'Orléans. Retiré au fond de la province, la persécution vint l'y chercher ; sa famille partagea avec lui les honneurs du martyre, et le père de Lamartine, qui n'échappa que par miracle à la hache du bourreau, paya par plusieurs mois de captivité le tort involontaire de sa naissance.

La jeunesse du poète se passa dans une petite tour obscure, à Milly, que ses vers ont rendu célèbre. Le jour il parcourait les bois, les champs, où il puisait cet admirable sentiment de la nature qui anime et vivifie sa poésie. Le soir il se formait par la lecture d'une bibliothèque peu nombreuse, mais judicieusement choisie, par les préceptes d'une mère aussi vertueuse qu'éclairée, et par la méditation qui fut, de tout temps et presque dès ses plus jeunes ans, le premier besoin de son âme et de sa raison.

Le jour vint où cette éducation intime, suffisante pour un enfant, devint insuffisante pour un adolescent. Il fallut dire adieu au foyer domestique et franchir le seuil du collége. Heureusement le jeune Lamartine trouva chez ses

nouveaux précepteurs, une douceur, une patience, une bienveillance paternelles. Il coula dans ce paisible et religieux asile les premières années du printemps de sa vie, et n'en sortit qu'en 1809, époque où il termina ses études classiques par un court voyage en Italie, cette terre promise des poètes!

Mais cette longue paix commençait à peser à son âme toute bouillante des premières ardeurs de la jeunesse. Il brûlait de visiter le foyer des arts et de la civilisation, Paris, la capitale du monde. Il partit, il vit, il goûta sans passion, mais sans pruderie les délices de la grande ville; il s'enivra de l'aspect des œuvres du génie; il écouta les vers des grands poètes, débités par d'admirables interprètes; il essaya même dès-lors de faire résonner les cordes de sa lyre et de sacrifier aux muses dramatiques. Mais son talent n'était pas encore à son point de maturité. Il errait à l'aventure sans trouver le secret de sa vocation, et ses premiers accords se perdirent dans le concert des versificateurs vulgaires.

Cependant la santé de Lamartine, légèrement altérée, lui conseillait d'aller de nouveau chercher en Italie un ciel plus bienfaisant, un air plus salutaire. Il passa les Alpes, vit la patrie d'Ovide et de Virgile, et modula, sous l'influence de ce climat béni et de ces poétiques souvenirs, quelques-unes de ses plus harmonieuses rêveries. Ce fut là qu'il trouva le germe de ses *Méditations* et de ses *Harmonies*, que sa muse discrète devait couver durant sept ans.

Les *Méditations* poetiques parurent en 1820. L'auteur, un instant engagé dans les liens de l'état militaire, avait vu, en 1815, sa chaîne rompue par la chute de la Restauration. Dès-lors renonçant à une servitude trop lourde pour les goûts toujours indépendans d'un poète, il consuma sa vie à aimer cette belle inconnue, qu'il célèbre sous le nom d'Elvire, à chanter ses charmes et à pleurer sur son tombeau.

Ceux qui prenaient, il y a vingt-huit ans, quelque intérêt aux choses de l'art se rappellent encore quel bruit causa dans le monde littéraire l'apparition des *Méditations*. Un grand poète venait de se lever, effaçant dès son aurore toutes les gloires poétiques des dernières années de l'Empire et des premiers ans de la Restauration. Son génie n'était point une pâle et fade copie du génie de l'antiquité. Il répudiait les formes pédantes et surannées d'une imitation sans vie et sans couleur. Il fuyait le sentier battu de la routine. Son talent frais, jeune, harmonieux, ne s'inspirait que de lui-même. Il abjurait la mythologie et les vieilles traditions de l'école classique pour chercher dans les idées nouvelles des sentimens et des effets nouveaux. Il inaugurait dans la poésie l'art chrétien que M. de Châteaubriand avait inauguré dans la prose.

Ce fut une émotion générale. Les uns se répandirent en critiques, les autres se confondirent en admiration. Le jeune poète trouva autant de partisans que d'adversaires, mais ni les uns, ni les autres ne furent tièdes, et si M. de Lamartine fut chaudement attaqué, il ne fut pas moins ardemment défendu. Mais le beau sexe, qui joue, en matière de renommée, le rôle que jouait la vieille garde sur les champs de bataille de l'Empire, se rangea de son côté. Dès lors

il était sûr de la victoire. Aimant, sensible et malheureux, Lamartine était naturellement le chantre favori des femmes. Comme elles s'étaient chargées de sa gloire, elles se chargèrent de son bonheur, et un brillant mariage ne tarda pas à donner à l'existence du poète ce confortable plus nécessaire que l'on ne pense à l'essor du génie.

De ce moment, la vie de Lamartine n'est plus qu'un long triomphe, obscurci seulement par une perte cruelle, par la mort de sa fille victime du climat dévorant de l'Orient sous lequel son père était allé tremper son âme et son imagination aux sources divines de toute grandeur, au sépulcre du Sauveur du monde.

On sait quel admirable livre nous valut ce pélerinage qui coûta à l'illustre voyageur la plus chère de ses affections terrestres. Le *Voyage en Orient* prouve que la plume du poète connaissait une autre harmonie que celle du rhythme et de la rime, l'écrivain se révéla sous le versificateur. Bientôt élu par ses concitoyens jaloux d'appeler à la Chambre le plus illustre représentant de la littérature contemporaine, l'orateur sut se faire jour sous l'écrivain. Qui ne connaît ces admirables dithyrambes politiques qui éblouissaient de leurs majestueuses splendeurs les chambres et les tribunes, et imposaient l'admiration à ceux mêmes qu'ils ne parvenaient point à convaincre ?

Étranger à l'esprit de parti, et ne relevant en politique comme en poésie que de lui-même, M. de Lamartine n'a jamais obéi qu'à ses convictions personnelles ; il n'a servi qu'un drapeau, le sien propre, laissant à toutes les opinions la liberté de s'abriter sous son ombre. Ennemi de tout parti pris, sensible seulement à la voix de la justice, du bien de la patrie et de l'honneur de son pays, il s'est toujours prononcé pour la cause qui lui semblait la plus légitime, sans s'inquiéter s'il combattait dans un camp ou dans l'autre. C'est cette constance inébranlable dans la voie du juste qui l'a fait accuser de versatilité par ceux qui ne reconnaissent de fixité que dans l'entêtement qui les lie ou les ameute autour d'un homme, d'un système ou d'un intérêt.

Les événemens qui viennent d'éclater ont placé M. de Lamartine à une hauteur qui permettra de développer l'homme politique sous l'orateur. Tout porte à croire qu'il ne faillira point à la tâche dont il a eu le courage de se charger. Ses premiers actes prouvent du moins qu'avec lui l'honneur de la France n'a rien à craindre. C'est à lui que nous devons la proscription du drapeau rouge, cet ignoble et sanglant insigne que quelques hommes aveugles ou égarés tentaient de substituer au glorieux drapeau tricolore, et l'on a pu voir, par son manifeste adressé aux agens diplomatiques de la France près des puissances étrangères qu'il a publié, de quel ton le nouveau ministre des affaires étrangères parle, au nom de la France, aux autres gouvernemens vis-à-vis desquels il représente la République. Point de bravade, point de provocation, point de couardise ; rien que l'éloquence du courage, sûr de lui-même, de sa force, de son bon droit. C'est le courageux Bayard de la diplomatie, un chevalier sans peur et sans reproche.

Un fait digne de remarque, c'est que M. de Lamartine avoue, avec la meilleur foi du monde, qu'il est homme politique beaucoup plus que poète, comme si tous ses admirables discours n'étaient pas de magnifiques poëmes, de la prose à laquelle il ne manque que la rime, de cette grande et belle prose dont les traditions étaient perdues sous l'ancien régime.

Jamais du reste M. de Lamartine n'a été mieux apprécié que dans le *Livre des Orateurs*, publié en 1842, par Timon (M. de Cormenin). Nous en reproduisons ici quelques fragmens, comme une curieuse prophétie de cet ingénieux et clairvoyant publiciste.

On verra à quel point M. de Cormenin, ce redoutable pamphlétaire, a deviné juste, et avec quelle pénétration il a tiré, six ans à l'avance, l'horoscope du grand poète, de l'homme politique, qui devait un jour parler avec tant de grandeur, de fermeté et de noblesse de caractère à tous les rois de l'Europe au nom de la République française.

Voici les propres paroles de Timon :

« Qu'on me permette de considérer M. Lamartine sous trois aspects : comme poète, comme orateur et comme d'État.

« Sans doute M. de Lamartine n'est pas un poète d'un goût classique. Il n'a pas été moulé dans le creux de l'antique Apollon, mais il est original, comme le sont les hommes de génie, à sa manière.

« Il est négligé, mais il est simple, précisément parce qu'il est négligé. Il se joue de la rime, et la mélopée, sous ses doigts, se transforme, se module et se ploie à toutes ses inspirations, à toutes ses fantaisies. Les sphères célestes ne roulent pas dans l'immensité, avec plus d'harmonie que ses vers. Le ruisseau ne coule pas dans la prairie avec un plus léger murmure. Le jeune oiseau n'a pas un chant plus frais. Les lacs de Sicile, enflés de molles brises, ne s'illuminent pas, le soir, de rayons plus purs et plus doux.

« Et ce n'est pas seulement sa voix qui chante, c'est son âme qui soupire et qui parle à mon âme, qui vibre en moi, qui fait frémir tout mon être et qui m'inonde de sa tendresse et de ses pleurs. C'est sa méditation qui me ravit sur des ailes de flamme, dans les régions de l'éternité, de la mort du temps, de l'espace et de la pensée où je n'avais jamais pénétré, et qui exprime des vérités métaphysiques dans un langage pittoresque, sensible, inouï.

« Je ne sais si la césure de son vers n'est pas quelquefois brisée, si sa rime n'est pas toujours suffisante, si l'idée ne flotte pas dans le vague, ne s'embarrasse pas dans la contradiction, si les cordes de sa lyre ne rendent pas de son toujours le même, et je ne veux pas le savoir. Est-ce que les rames pareilles ne frappent pas l'onde d'un bruit égal et mesuré? Est-ce que je me plains à la fauvette de ce qu'elle chante ses doux chants et de ce qu'elle les recommence? Est-ce que le rossignol ne m'enivre pas toujours, toujours, de sa mélodie, la beauté de son regard, et la violette de son parfum? Est-ce que je détourne mon oreille du bruit lointain de la cascade et mes yeux de l'éclat fixe des étoiles? Est-ce que l'âme qui souffre ne jette pas éternellement le même cri? Est-ce que la mère qui vient de perdre son fils ne se complaît pas dans les inconsolables répétitions de sa douleur? De même, est-ce que je demande à Lamartine de prouver, dans un syllogisme cadencé, la vérité de ce qu'il chante? Je ne lui demande que de rêver sur sa lyre, et je rêve; de soupirer, et je soupire; d'aimer, et j'aime; de jouir, et je jouis!

« Qui pourrait méconnaître, sans injustice, que Lamartine et Victor Hugo ont enrichi de leurs perles et de leurs diamans notre couronne poétique déjà si éclatante? Tous deux, irréguliers dans leur marche et rebelles au frein de la grammaire; tous deux, sans doute, plus soucieux du mot que de l'idée, de l'inversion que du sens droit, de la nouveauté que de la méthode, de l'inattendu que de la gradation, et parfois de la rime que de la raison; tous deux un peu assoupissans dans leur monotonie, un peu étourdissans dans leur fracas; mais tous deux, esprits puissans, génies originaux, venus pour renouveler une littérature épuisée. L'un jetant de la flamme et des étincelles, comme une escarboucle d'Orient; l'autre soupirant comme la lyre de Fingal dans les bruyères désolées. L'un emporté dans sa fougue lyrique, trop prodigue de sa force et de ses richesses, désordonné, fantasque, quelquefois sublime; l'autre plus religieux, plus méditatif, plus enveloppé de voiles et de mythes, plus en communication avec le ciel et chantant comme s'il priait. L'un tordant son rhythme et violant la Muse que l'autre caresse. L'un le bras tendu, semblant tirer avec effort de son archet des sons enflés et victorieux; l'autre se laissant aller, comme une eau limpide, à son facile et coulant génie. L'un plus précis, mais plus martelé dans ses moralités philosophiques; l'autre plus inspiré, mais plus nuageux. L'un mêlant l'homme avec un art plus dramatique aux scènes de la nature; l'autre plus tendre, plus ému, plus persuasif, plus éloquent dans la peinture des sentimens intimes et des labyrinthes mystérieux de la pensée. L'un plus éblouissant, plus tonnant que la foudre qui rebondit de rochers en rochers, et qui se brise en éclairs dans les gorges profondes de l'Hémus; l'autre plus pensif, plus rêveur que les vierges d'Israël au bord du fleuve solitaire qui les séparait de leur patrie. L'un allant à l'esprit, l'autre au cœur. L'un au sexe qui raisonne et qui agit, l'autre au sexe qui sent et qui aime.

C'est un phénomène qui n'a peut-être pas d'autre exemple, qu'un orateur ait commencé, à plus de quarante-cinq ans passés, à haranguer sans préparation. Mais ceci s'explique : Lamartine est le premier, le seul improvisateur de nos poètes. Les vers s'échappent de sa veine, comme l'eau d'une source. Lamartine n'est jamais monté sur le trepied; il n'a jamais été agité du dieu de la pythonisse, jamais laissé flotter ses cheveux au vent, jamais pâli sous les frémissemens de l'inspiration, jamais creusé, jamais labouré, en suant à grosses gouttes, le sillon de la pensée. Sa poésie est limpide, facile, enchaînée comme un discours, et son discours est nombreux, orné, coloré, retentissant, mélodieux comme la poésie.

. . . .

Vous vivrez, illustre poète, quand les maîtres actuels de la parole ne vivront plus, eux et leurs œuvres, et quand deux ou trois noms seuls surnageront dans le vaste naufrage de nos gouvernemens éphémères. Vous vivrez, et nos neveux, en rêvant sur la fin d'un beau soir, aimeront à répéter ces stances qui tombent avec tant de grâce et de mollesse :

Doux reflet d'un globe de flamme,
Charmant rayon, que me veux-tu?
Viens-tu dans mon sein abattu,
Porter la lumière à mon âme?

Descends-tu pour me révéler
Des mondes le divin mystère,
Ces secrets cachés dans la sphère
Où le jour va te rappeler?

Une secrète intelligence
T'adresse-t-elle aux malheureux?
Viens-tu la nuit briller sur eux
Comme un rayon de l'espérance?

Viens-tu dévoiler l'avenir
Au cœur fatigué qui t'implore?
Rayon divin, es-tu l'aurore
Du jour qui ne doit pas finir?

Mon cœur à ta clarté s'enflamme,
Je sens des transports inconnus;
Je songe à ceux qui ne sont plus :
Douce lumière, es-tu leur âme?

« Vous vivrez, et tant qu'il sera bruit de Napoléon, qui ne redira ces magnifiques vers :

Ta tombe et ton berceau son couverts d'un nuage.
Mais, pareil à l'éclair, tu sortis d'un orage;
Tu foudroyas le monde avant d'avoir un nom.
Tel le Nil, dont Memphis boit les vagues fécondes,
Avant d'être nommé, fait bouillonner ses ondes
Aux solitudes de Memnon.

« C'est ici qu'il faut que je dise que M. de Lamartine a la taille haute, des yeux bleus, le front étroit et saillant, les lèvres fines, les traits fiers et réguliers, le port élégant, les gestes nobles et une sorte de désinvolture, un peu raide, de grand seigneur. Les femmes, enchantées de ses vagues mélodies qui vont si bien à leur âme, ne cherchent que lui dans la foule des députés et se demandent, où est-il?

« Où il est ! Ce n'est pas heureusement dans les nuages du parti social. Il en est descendu plus qu'à mi-corps. Il a reployé ses ailes d'ange, il a touché terre et il a bien voulu se mêler au reste des mortels.

« Comme orateur, car j'ai à le considérer sous ce second aspect, M. de Lamartine a grandi d'année en année, et il est aujourd'hui en pleine possession de la gloire parlementaire. Il a un heureux tour d'imagination, une mémoire étendue, souple et fraîche, qui retient et rend tout ce qu'il y met, qui n'hésite pas devant les interruptions, se joue à l'aise dans sa marche, et suit, sans se perdre, le fil incertain de mille détours ; du calme dans les orages de la tribune, d'ailleurs peu violens autour de lui ; une rare et merveilleuse faculté de s'approprier les idées des autres, qui n'a peut-être pas sa pareille dans l'Assemblée ; une perception vive des difficultés de chaque sujet ; une richesse de palette qui se charge de toutes les couleurs et qui les broie, les fond, les varie, les assortit, les multiplie, et les répand en fleurs, en ondes, en nuances, dans tous ses discours ; un beau développement de phrases enchaînées ; une élocution large et nourrie, une réplique animée, une cadence, un nombre, une harmonie, une abondance d'images, de sons, de mouvemens qui remplissent l'oreille sans la fatiguer, et qui ressemblent de si près à la grande éloquence qu'on pourrait bien s'y tromper.

« Moi qui préfère, en parlement, je dois le dire, les argumentateurs aux orateurs, les logiciens aux imaginatifs, et la langue des affaires à la langue des Muses, je serais plus touché d'un discours mâle et nerveux, que de ces styles mélodieux, rosés et fleuris. Mais je dois convenir aussi que cette pompe de langage qui ne serait chez d'autres que de la recherche, de l'affectation, de la rhétorique vaine et parlée, est naturelle chez Lamartine. Il parle comme il chante. C'est du pur lyrique, du lyrique de source, sans mélange et sans effort.

« Oui, j'aime sa phrase balancée et rhythmique, quoiqu'elle soit plus propre à rendre les oracles d'Apollon qu'à exprimer les passions du Forum. Je l'aime parce qu'elle roule dans le limon du fleuve, avec une sorte de gémissement doux et plaintif, comme les membres dispersés d'Orphée. Je l'aime parce que si ce n'est pas de la prose de discours, de cette grande et belle prose que personne ne me fait entendre, c'est du moins de la prose de poésie. Il n'y manque que la rime, et pour nous délasser du patois périgourdin de nos Messieurs parlementaires, bien me fâche que le poète législateur ne nous parle pas quelquefois en vers. Prends ta lyre, ô Lamartine ! car j'ai l'oreille encore pleine du gravier de leur prose. Par grâce, des vers, des vers ! »

Ici M. de Cormenin manque à sa sagacité ordinaire ; il apprécie légèrement, et d'après les seules impressions des débuts de M. de Lamartine à la tribune, les hautes facultés, les talens de l'homme d'État que l'avenir devait nous montrer, aussi grand et courageux qu'il était poète plein de cœur et d'âme. Sous cette réserve d'un premier jugemant porté, il y a six ans, sur un homme qui a tant grandi depuis, nous laissons parler M. de Cormenin lui-même. Les lecteurs apprécieront mieux notre impartialité.

« Moins orateur que poète, moins homme d'État qu'orateur, j'ai à le voir maintenant sous cette troisième face.

« Nous savons à peu près ce qu'il ne veut pas. Ainsi, il ne veut pas de la légitimité, ni de l'empire, ni de l'aristocratie, ni de la camarilla ; mais ce qu'il veut, c'est plus difficile à connaître. Voici, du reste, son principe, et comprenne qui pourra : « C'est la constitution organique et progressive de la « démocratie tout entière, le principe expansif de la charité mutuelle et de la « fraternité sociale, organisé et appliqué à la satisfaction des intérêts des « masses. »

« Certes, pour les témérités audacieuses de cette autre Charte, M. de Lamartine n'a pas craint d'encourir l'application des lois de septembre, ni d'être mandé de la part de monsieur le procureur du roi devant monsieur le juge d'instruction, séant en son cabinet, au Palais de Justice.

« Mais si, pour mettre en pratique ces grandes et nuageuses théories, M. de Lamartine enviait, comme il les envie, les hauts postes et commandements du pouvoir exécutif, je le connais mieux qu'il ne se connaît lui-même, et je ne lui donne pas trois mois d'ambassade ou de ministère sans qu'il n'éprouvât de violents dégoûts, des nausées et des regrets sans fin de sa vague et chère indépendance. L'homme-poète est ainsi fait !

« Pour sa gloire, pour son repos, pour la tendresse de ses amis, souhaitons que M. de Lamartine ne soit ni ministre, ni ambassadeur. Il ne connaît pas les maîtres et les valets, les hauts roués et les bas roués avec lesquels il faudrait qu'il se confondît et qu'il vécût. Il ne sait pas jusqu'où peut descendre leur jactance. Il ne sait pas jusqu'où peut monter leur frayeur. Il ne sait pas combien leurs attouchements ont déjà souillé de pures et innocentes renommées. Il n'est pas fait pour être leur dupe. Il est moins fait encore pour être leur complice.

« Ces caresses intéressées du pouvoir, ces entraînemens d'une imagination poétique, ces menées de parti, ces embarras de doctrine, ces aberrations de logique, ne pervertiront pas l'exellent fond de Lamartine. Par instinct, par sentiment, il est généreux, charitable, dévoué au peuple, impatient de théories et d'actions charitables ; prêt à dire et à faire ce qu'il y a d'utile, de grand et de national : indépendant et courageux dans ses opinions, parfois même presque radical ; plus radical que moi-même ; enfin, pas le moindre fiel sur ces lèvres-là, une naïveté de poète et une honnêteté de cœur qui ont quelque chose de virginal !

« Non, non, Lamartine, vous ne pouvez haïr la liberté, car vous avez une belle âme ! Non, vous n'êtes pas assez malheureux pour croire que les gouvernemens peuvent être impunément injustes, violens et corrompus ; que la nécessité entre avec son coin de fer dans les choses humaines pour les briser et pour les séparer aveuglément ; que la sanction d'un principe ne réside que dans son triomphe, et que les révolutions achetées par le sang des citoyens, ne doivent amener, pour tout enseignement et pour toute consommation, que la lâche oppression du peuple.

Imprimerie MAULDE et RENOU, rue Bailleul, 9-11.

« Honte à ces doctrines, Lamartine, et nous croyons du cœur, que vous ne les partagez pas, qu'elles vous font horreur, qu'elles vous font mal, et que vous répéteriez avec nous, comme nous, honte à ces doctrines! car, vous le savez, nous ne passons pas, nous, d'un camp à l'autre, avec les caprices de la victoire. Nous avons planté notre drapeau sur les terres de la patrie. Nous voulons la liberté, non dans les phrases, mais dans les choses ; non dans les mensonges d'une Charte, mais dans les réalités de la vie politique ; non dans les priviléges de quelques-uns, mais dans l'égalité de tous. Nous ne croyons pas que la vérité soit condamnée à pactiser avec l'erreur, que les lois éternelles de la justice et de la morale cessent de gouverner le monde, que les principes aient à demander grâce à la nécessité, que l'insolence du fait doive surmonter le droit, et que la souveraineté du peuple puisse mourir. »

Le nom de famille de Lamartine est *De Prat;* celui qu'il a adopté, et sous lequel il est connu comme Arouet sous celui de Voltaire, est le nom de la famille de sa mère qu'il aimait tendrement.

Né à Mâcon, le 21 octobre 1790, Lamartine, après avoir servi courageusement à 24 ans dans les gardes-du-corps, en 1814, se livra exclusivement, à partir des Cent-Jours au culte des belles-lettres. En 1820, il publia ses premières *Méditations poétiques* dont le retentissement fut immense. Louis XVIII, pour s'attacher le poète, le nomma malgré lui secrétaire d'ambassade à Florence. C'est là que Lamartine se maria avec une jeune et riche Anglaise dont les vers doux et harmonieux avaient captivé l'admiration et le cœur.

Dès lors les ouvrages du grand écrivain se succédèrent assez rapidement. En 1830 parurent les *Harmonies* poétiques et religieuses, qui lui valurent sa réception à l'Académie française, et la nomination au poste de ministre plénipotentiaire en Grèce, lorsque la Révolution éclata. Il n'accepta aucun emploi sous Louis-Philippe, malgré toutes les instances. En 1834, à son retour d'Orient, où il avait perdu sa fille unique et bien-aimée, il publia son *Voyage en Orient*, ce livre qui ne mourra jamais, dit un juste appréciateur des ouvrages du grand écrivain.

En 1831, Lamartine publia *Jocelyn* ; en 1839, la *Chute d'un Ange*, et enfin en 1846, l'histoire des *Girondins*.

C'est le 4 janvier 1834 que Lamartine, élu député par les électeurs de Dunkerque, a paru pour la première fois à la tribune de la Chambre des députés. Sa parole entraînante et mélodieuse captiva toute l'assemblée. Son noble caractère, son dévouement affectueux à la cause du peuple produisirent un effet immense. A dater de ce jour, la France compta un grand orateur de plus.

Il fit partie de l'opposition, et jamais homme ne se consacra avec plus de dévouement, avec plus d'affection expansive à la défense des intérêts du peuple.

« Ne vous y trompez, disait-il dans une circonstance, je ne suis pas le seul qui se soit ému de la pensée que je signale ici ; de toutes parts, vous devez le voir, vous qui êtes placés au centre du gouvernement pour saisir les inquiétudes, les agitations sourdes; de toutes parts ce sentiment se révèle, se manifeste, se trahit avec plus ou moins de force, avec la même douleur, dans le sein de la population.

« Et ne vous endormez pas, ne méprisez pas, autant que vous avez l'air de le faire, ces premiers frémissemens de l'agitation publique.

« Ne méprisez pas toutes les passions populaires. Eh! sans doute, Messieurs, je le sais, et je suis moi-même de ce sentiment, il y a des passions populaires qu'il faut mépriser; il y a des passions populaires qu'il faut oser combattre; mais sachez-le, il y a des passions populaires qui sont grandes, qui sont généreuses, qui sont le sentiment même de la grande famille nationale, vibrant et se résumant dans le cœur de chaque citoyen. Ce sont là des sentimens avec lesquels il ne faut pas jouer; ce sont des passions publiques qu'il faut respecter, qu'il ne faut ni flétrir ni accuser, car au fond de ces passions publiques il y a quelquefois, il y a souvent un grand patriotisme en souffrance et de grands principes en insurrection dans l'âme de tous! »

Si M. Lamartine n'était pas compris de tous, ce n'était pas faute d'avoir développé ses idées sociales; mais il parlait trop souvent à des gens qui ne voulaient pas entendre.

Chaque jour, depuis cette époque, M. Lamartine a grandi dans l'opinion publique. Nous ne pouvons nous dispenser de rappeler sa noble et courageuse conduite dans la dernière séance de la chambre; grâce à lui, un gouvernement est sorti du plus effroyable tumulte qui se soit jamais produit dans une assemblée délibérante. Des menaces terribles étaient proférées par les ouvriers armés qui, encore tout animés par la chaleur du combat, venaient d'envahir la Chambre. M. Lamartine se précipite à la tribune; orateur infatigable sa parole domine la tempête; il veut qu'un gouvernement provisoire soit nommé sur-le-champ, et il en démontre la nécessité; interrompu mille fois, il persiste courageusement; l'orateur triomphe : le gouvernement est nommé, la France est sauvée!

Si nous avons exceptionnellement donné le pas à Lamartine sur ses collègues, parce qu'il est, à nos yeux, par son caractère autant que par ses talens, la plus sublime expression de la Révolution de 1848, nous devons, pour revenir à l'ordre hiérarchique, parler à présent de Dupont de l'Eure, à la fois le président et le doyen des membres du gouvernement provisoire.

DUPONT (DE L'EURE).

Dupont (de l'Eure) est né à Neubourg, chef-lieu de l'arrondissement de Louviers, le 27 février 1767. Voué à la carrière du barreau, il était, dès l'âge de vingt deux ans, inscrit au tableau des avocats du parlement de Normandie.

Ses idées avancées l'appelaient naturellement à jouer un rôle dans sa pro-

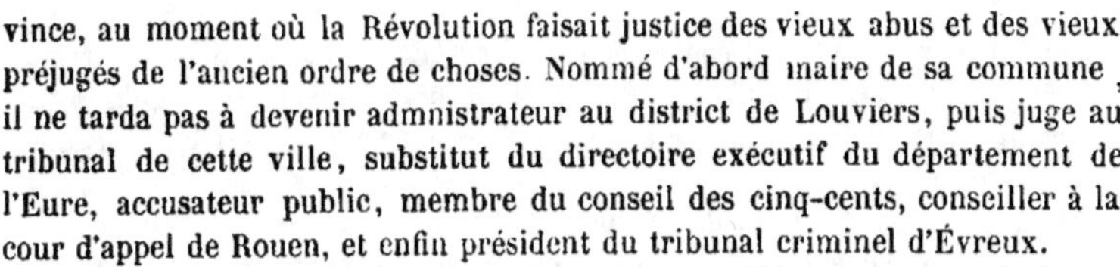

vince, au moment où la Révolution faisait justice des vieux abus et des vieux préjugés de l'ancien ordre de choses. Nommé d'abord maire de sa commune, il ne tarda pas à devenir admnistrateur au district de Louviers, puis juge au tribunal de cette ville, substitut du directoire exécutif du département de l'Eure, accusateur public, membre du conseil des cinq-cents, conseiller à la cour d'appel de Rouen, et enfin président du tribunal criminel d'Évreux.

Ces dernières fonctions étaient celles qu'il occupait à l'avènement de l'Empire. Ses principes républicains l'avaient tenu long-temps éloigné des affaires publiques, Napoléon n'aimant pas les hommes trop dévoués à la liberté. Cependant en 1811 il fut appelé par le Sénat au corps législatif, honneur qu'il devait d'ailleurs à l'estime et à la confiance de ses concitoyens, dont le libre suffrage l'avait placé en tête de la liste des candidats. Il fut, dans le cours de cette même année, nommé président de la Cour impériale de Rouen, devint député du corps législatif en 1813 et 1814, et, nonobstant l'opposition vive et persévérante, qu'il fit aux Bourbons de la branche aînée, se vit, aux premiers jours de la Restauration, élu, à la presque unanimité, vice-président de cette assemblée.

Il appartenait encore à la chambre des représentans durant les *Cent-Jours*, et n'en sortit que quand, à la suite de la sanglante campagne de Waterloo, les violences de la réaction royaliste l'obligèrent, ainsi qu'un grand nombre de ses collègues, à s'exiler volontairement du palais de la représentation nationale. Réélu député en 1817, il porta à la chambre les mêmes convictions politiques, la même énergie libérale, et ne tarda pas à expier, par la perte de ses hautes fonctions judiciaires, son dévouement à la liberté.

L'intimidation ne ralentit point l'opposition vigoureuse qu'il faisait aux tendances aveugles et rétrogrades qui guidaient le gouvernement de la Restauration. Il entra dans la ligue des Lafayette, des Manuel, des Corcelles, des Audry de Puyraveau, des Périer, des Foy, et de quelques autres, et forma, avec eux, ce noyau démocratique, faible par le nombre, mais puissant par la parole et par la sympathie qu'il trouvait au cœur de la nation, et qui, grossi de jour en jour par des élections successives, devait, au bout de treize années, faire luire, sur les barricades de juillet, le triomphe de la cause populaire.

Dupont de l'Eure n'était point à Paris à l'époque où éclata la révolution de 1830. Il y accourut, et n'accueillit qu'avec un médiocre enthousiasme l'avènement de la *meilleure des République*. Cependant, entraîné par l'adhésion unanime de ceux avec lesquels il avait si longtemps combattu, et incapable de faire au gouvernement naissant, et dont il ignorait les tendances, une guerre systématique, il consentit à prendre sa part du poids des affaires publiques, et accepta, dans le ministère présidé par son ami M. Laffitte, le portefeuille de la justice.

Une scène, qui éclata dans le sein du conseil, présidé par Louis-Philippe, et où l'austère franchise du vieux républicain, ne craignit pas de rompre en visière au roi lui-même, amena sa retraite. Il offrit sa démission, qui fut ac-

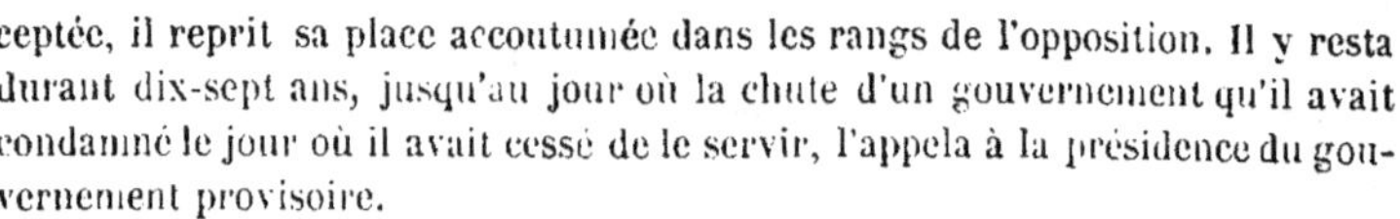

ceptée, il reprit sa place accoutumée dans les rangs de l'opposition. Il y resta durant dix-sept ans, jusqu'au jour où la chute d'un gouvernement qu'il avait condamné le jour où il avait cessé de le servir, l'appela à la présidence du gouvernement provisoire.

Si l'âge a glacé l'activité de Dupont (de l'Eure), si le poids des ans ne lui permet pas de partager avec ses collègues les travaux incessans de leur magistrature populaire, sa probité antique, son patriotisme inaltérable, son expérience pratique, ses vertus publiques et privées, font de lui le plus noble drapeau qu'ait pu choisir une révolution faite par le peuple et pour le peuple, et c'est avec justice qu'on l'a décoré du surnom de *patriarche de la nouvelle République*.

DOMINIQUE-FRANÇOIS ARAGO.

Par droit de conquête et par droit de naissance, c'est à dire dans l'ordre de l'âge et du mérite, le premier qui se présente après Dupont (de l'Eure) est Dominique-François Arago, de l'Institut, député et directeur de l'Observatoire.

Ce savant illustre, aujourd'hui chef d'une nombreuse famille qui compte dans son sein des hommes honorés par leurs travaux et leurs talens dans des carrières diverses, est né le 26 février 1786, dans le bourg d'Estagel, près de Perpignan.

Après de brillantes études faites au collége de cette ville et à celui de Montpellier, il se présenta, à dix-huit ans, à l'Ecole polytechnique, et fut admis le premier de sa promotion.

Dès sa sortie de l'école, où ses brillantes facultés l'avaient révélé comme un sujet des plus distingués, il est nommé secrétaire du bureau des longitudes et part pour l'Espagne avec l'expédition chargée, sous la direction de M. Biot, d'achever de déterminer la mesure de l'arc du méridien terrestre.

Ici se placerait, si les limites de cette notice nous permettait de longs développemens, le récit d'une suite d'épisodes assez romanesques pour fournir sans peine le sujet d'une demi-douzaine de feuilletons fort intéressans; bornons-nous à les résumer en quelques lignes.

C'était en 1806, l'Espagne, impatiente du joug du prince de la Paix, qu'on accusait d'être vendu à la France, n'attendait qu'une occasion pour renouveler, contre les Français, les massacres des vêpres siciliennes : l'arrivée d'un officier d'ordonnance de l'empereur qui apportait à la flotte espagnole l'ordre d'appareiller pour Mahon, détermina l'explosion. Majorque se soulève. Le bruit se répand que M. Arago, alors occupé, loin de ses compagnons, à mesurer la hauteur du pic ou du *clop de Galazo*, dirigeait, par les feux qu'il allumait la nuit sur la montagne, l'invasion de l'ennemi, est désigné comme la victime d'un patriotisme en délire. Une foule furieuse envahit la montagne avec des cris de mort, le jeune savant, prévenu à temps, se déguise et passe, revêtu du costume

d'un montagnard, au milieu de ceux même qui venaient l'égorger. Il comptait s'embarquer à Palerme, avec ses papiers qu'il avait sauvés, sur le navire espagnol qui l'avait amené dans l'île. Vain espoir! Palerme se soulève et demande sa tête; ce n'est qu'en l'enfermant comme prisonnier dans la citadelle de Béloès que les autorités parviennent à l'arracher à la fureur du peuple.

Au bout de plusieurs mois de captivité, il s'échappe, passe à Alger, et s'embarque, par les soins du consul de France, sur une frégate algérienne qui appareillait pour la France. Près d'entrer au port, la frégate est prise par un corsaire espagnol; Arago est envoyé sur les pontons de Palmos. Bientôt l'équipage tout entier, rendu à la liberté, reprend la route de Marseille. On y touchait, quand une tempête furieuse jette le vaisseau loin des côtes de France et le force à chercher un asile à Bougio. On débarque; le dey, protecteur d'Arago, était mort égorgé dans une sédition populaire. Son successeur, moins bienveillant pour la science, fait saisir le jeune astronome et le réduit en esclavage.

Notre consul obtient à grand' peine sa liberté, et après tant de fortunes diverses, Arago aborde enfin à Marseille, sous la poursuite d'une frégate anglaise, qui fut plus d'une fois sur le point de lui couper le chemin.

A son retour, l'Académie des sciences, dérogeant à ses réglemens, admit Arago dans son sein, quoiqu'il n'eût encore que vingt-trois ans. Napoléon le nomma professeur à l'École polytechnique.

En 1830, Arago prit part à la vie politique, à laquelle l'appelait la popularité qu'il devait à l'étendue de ses connaissances et à l'éloquente facilité de sa parole. Au milieu même des luttes sanglantes de juillet, il tenta, près du maréchal Marmont, une démarche conciliante, et tenta, mais en vain, d'arrêter l'effusion du sang.

En 1831, il fut élu député par le collége de Perpignan, auquel le recommandaient sa haute réputation scientifique et son patriotisme bien connu. L'étendue de ses lumières, la pénétration de son esprit, la justesse de son intelligence, l'élégante clarté de ses discours ne tardèrent pas à le placer à la tête de son parti, l'extrême opposition de gauche. Les questions d'industrie, de marine, d'instruction publique, de canaux, de chemin de fer trouvaient en lui un orateur habile en même temps qu'un juge éclairé. Sa voix, inspirée par la passion démocratique, trouvait dans les masses, encore plus d'écho qu'à la chambre où l'étouffaient parfois les murmures de la majorité blessée au vif par les traits piquans de sa malice, autant que par les invincibles conclusions de sa dialectique.

Doué à un haut degré de l'esprit satirique, M. Arago y joint une rare faculté d'analyse et un art de causer poussé jusques à l'éloquence. Il n'est point de sujet dont il ne sache tempérer l'aridité par le charme du style et l'intérêt d'une foule d'aperçus ingénieux. Les comptes-rendus de l'Académie des sciences dont il est l'âme, ont acquis dans sa bouche un attrait inconnu jusqu'à lui.

Le rare mérite de M. Arago, celui de tous qui a le plus contribué à affermir et à propager sa popularité oratoire, c'est le talent de mettre la science à la portée de tout le monde.

A part les qualités intellectuelles et morales qu'il doit à lui-même autant qu'à la nature, M. Arago tient de celle-ci des dons physiques qui semblent le désigner à l'admiration autant qu'à la domination de la foule. Il a les traits expressifs et majestueux, le front large et comme chargé de pensées, l'œil d'une vivacité méridionale et d'un éclat tel qu'il est difficile de supporter long-temps son regard; sa stature est haute, son buste imposant, enfin on comprend sans peine, en le voyant ainsi qu'en l'entendant l'empire, et l'attraction qu'il exerce sur le peuple, et qui lui ont valu le sceptre démocratique dont il est momentanément investi.

De même que M. Lamartine représente le côté poétique de la République, de même M. Arago en représente le côté savant et éclairé.

Après les trois noms que nous venons de citer, le plus populaire, celui qui exerce sur les travailleurs en particulier l'influence la plus magnétique, c'est sans contredit M. Ledru-Rollin.

LEDRU-ROLLIN.

M. Ledru-Rollin est né en 1807, c'est le plus jeune des membres du gouvernement provisoire. A l'instar de beaucoup d'hommes politiques, il débuta dans la carrière du barreau. Dès ses premiers pas, il fixa les regards par une éloquence mâle et fougueuse, par une dialectique nerveuse et concise, par une pause à la fois énergique et facile, qui servaient les brillantes qualités physiques qui constituent le tribun populaire; il a le regard vif et inspiré, la taille avantageuse, le geste animé, dramatique, en un mot un extérieur fait pour imposer à la multitude.

Son entrée dans l'arène pratique le mit tout de suite en lumière. La rude franchise du langage démocratique qu'il adressait, dans sa profession de foi, aux électeurs de la Sarthe, souleva les défiances et les rancunes d'un ministère ombrageux et lui valut une poursuite en police correctionnelle. Il entre, en 1841, à la Chambre, précédé par le retentissement de son procès, et se plaça tout de suite à l'extrême gauche dont les principes conquirent en lui un volontaire aussi ardent qu'habile.

Champion infatigable de la démocratie, ce ne fut pas seulement à la tribune, mais devant les tribunaux, dans les réunions électorales, au sein des banquets patriotiques, qu'il en prit chaleureusement la défense. Prophète de l'Évangile populaire, il prédit long-temps à l'avance le triomphe et l'avènement d'une cause dont il n'abandonna jamais les droits. En 1832, lors de la mise en état de siége, provoquée par les affaires de juin, il s'éleva, dans une consultation aussi audacieuse que concluante, contre ce coup d'état que la cour suprême envisagea du même œil que lui.

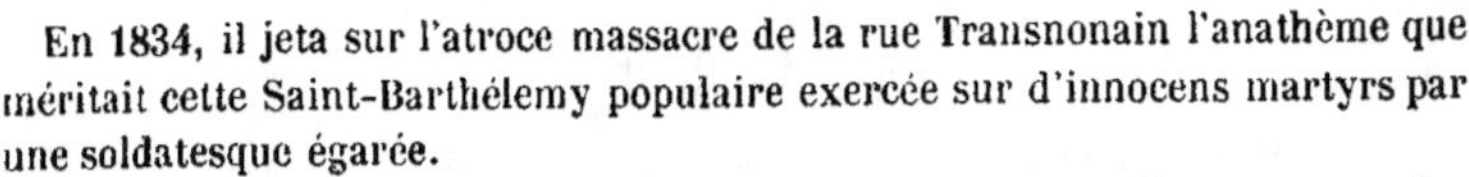

En 1834, il jeta sur l'atroce massacre de la rue Transnonain l'anathème que méritait cette Saint-Barthélemy populaire exercée sur d'innocens martyrs par une soldatesque égarée.

Ce fut lui qui plaida à la chambre des pairs pour le journaliste Dupoty, victime de l'odieuse théorie de la *complicité morale.*

Les banquets réformistes qui furent le germe de la Révolution de 1848 n'ont pas eu de provocateur plus ardent que lui ni de commensal plus fidèle. Il était un des coryphées de ce fameux banquet de Lille, où l'opposition républicaine rompit franchement avec l'opposition dynastique, représentée par M. Odilon Barrot. Après la retraite de ce dernier, il resta résolument sur la brèche, et seul de tous les députés qui présidaientà ce tte solennité patriotique, il osa porter ce toast, gros d'un révolution politique et sociale :

A l'amélioration des classes laborieuses! pensée qu'il développe dans une vigoureuse et chaude improvisation, résumée en ce peu de mots : *liberté pour tous, liberté de conscience, liberté de pensée, liberté d'association.*

Peu de jours après, au banquet de Dijon, il ne craignait pas, encouragé par l'approbation populaire, de prononcer ces mots prophétiques : *Liberté, Égalité, Fraternité.* Il tonnait contre la corruption, l'impéritie et l'entêtement du gouvernement : il signalait le besoin de réformes urgentes et la nécessité du vote universel destiné à sauver la France.

Au banquet de Châlons, il fit, à la face de tous, l'apologie de la Convention, cette noble assemblée d'où sortit le véritable code des droits du citoyen.

Tant de manifestations démocratiques accomplies alors qu'il y avait quelque danger à se montrer en aussi fervent défenseur des libertés publiques, désignaient naturellement M. Ledru-Rollin aux acclamations populaires, quand sonna l'heure du triomphe du Peuple.

On n'a pas oublié que parmi les noms que la foule victorieuse qui envahit la chambre aux dangereux honneurs du Gouvernement provisoire, celui de M. Ledru-Rollin fut un des premiers prononcés et des plus chaudement accueillis. Il accepta par dévouement, autant que par courage, des fonctions que leurs difficultés et leurs périls rendaient plus glorieuses que désirables, Il apporta tout de suite aux affaires le même zèle, la même énergie, la même fermeté qu'il avait déployée dans tout le cours de sa carrière politique, et l'on peut dire que, si quelques uns des actes semblèrent parfois émanés d'une volonté un peu absolue, ils furent toujours marqués au coin du républicanisme le plus ardent et du plus sincère patriotisme.

Quand la patrie est en danger, le premier devoir de l'homme de cœur est de veiller à son salut.

M. Ledru-Rollin, entre les fonctions qu'il occupe au Gouvernement provisoire, remplit en outre celles de ministre de l'intérieur.

GARNIER-PAGÈS.

Moins célèbre que les quatre hommes dont nous venons de résumer rapidement la vie, parce que des qualités oratoires moins brillantes ne le désignaient pas comme eux à l'attention générale, M. Garnier-Pagès n'a pas eu, dans la révolution qui vient de s'accomplir, une part moindre que la leur.

Frère d'un homme que les travaux politiques et les fatigues de la tribune enlevèrent de bonne heure à l'amour du parti démocratique, et qui mourut avant d'avoir vu fructifier l'arbre qu'il avait contribué à planter, M. Garnier-Pagès dut à cette consanguinité précieuse l'honneur d'être appelé à la chambre. Uni d'affection et d'intérêts au frère qu'il avait perdu, il se fit un devoir d'accepter pleinement l'héritage de ses doctrines politiques, et choisi par les mêmes élections, il vient s'asseoir à la même place.

M. Garnier-Pagès est âgé de quarante-trois ans. Jusqu'au jour où Marseille l'élut pour le représenter au Palais-Bourbon, sa vie s'était passée au milieu des affaires commerciales. Tandis que l'aîné des deux frères, âgé de quatre années de plus, défendait au barreau les droits de la veuve et de l'orphelin, à la Chambre les droits du peuple, le plus jeune, placé à la tête d'une des bonnes maisons marseillaises, cherchait dans le commerce les ressources nécessaires à l'existence de leur double famille.

A l'époque où la mort vint rompre cette fraternelle association, la fortune des deux frères s'était assez accrue pour leur permettre de renoncer désormais aux affaires et de se consacrer en commun à la tâche que l'un des deux n'avait jamais cessé de poursuivre. Nouveau Moïse, il n'était pas destiné à fouler la terre promise vers laquelle il guidait son peuple. Ce fut à son frère seul à achever la tâche qu'ils avaient commencée ensemble.

Il semble, du reste, que la même âme ait animé ces deux patriotes. En toute occasion Garnier-Pagès défendit, sinon avec une égale éloquence, du moins avec autant d'énergie et de conviction, les droits imprescriptibles des classes opprimées. Député consciencieux, il fit le voyage d'Espagne et d'Afrique, afin d'étudier sur les lieux les questions politiques, agricoles et financières.

Ce fut lui qui, au banquet de Montpellier, dont il était président, émit cette maxime, qui est le principe de sa conduite et la devise de sa vie :

Rien pour soi, tout pour la patrie.

Ses sentimens et ses idées l'appelaient naturellement au Gouvernement provisoire. Il fut nommé par le suffrage de tous les membres de son parti, bientôt consacré par le vote populaire de l'Hôtel de Ville. M. Garnier-Pagès occupa, durant les premiers jours de la nouvelle République, le poste difficile de maire de Paris. A l'heure qu'il est, il dirige le ministère des finances, fonctions auxquelles le rendent éminemment propre les connaissances qu'il a acquises dans la pratique du commerce.

Imprimerie Maulde et Renou, rue Bailleul, 9-11.

www.ingramcontent.com/pod-product-compliance
Lightning Source LLC
LaVergne TN
LVHW021648170726
843501LV00007B/2472
* 9 7 8 2 3 2 9 6 5 1 8 5 9 *